Eike Schult

Wölkchen & Co

Vielseidig Verlag

Impressum:

Ideen und Ausführung: Eike Schult
Satz & Bildbearbeitung: Stefan Funk, Teuschnitz
Fotos: Fotostudio Hummel, Steinach
Lithos: Lipfert-Reprotechnik, Coburg
Vertrieb: Edith Groh
Druck: Fränkischer Tag, Bamberg

ISBN 3-930529-33-5 Best.-Nr. 29335

Auflage 10 9 8 7 6 5 4 3 2 1 Rechte Zahl ist aktuell

Liebe Bastlerinnen und Bastler

Es muß nicht immer aufwendig und teuer sein. Auch mit preiswerten Materialien und einfachen Bastelgängen lassen sich kleine Besonderheiten für viele Anlässe fertigen. In diesem Buch stelle ich Ihnen einige meiner Persönlichkeiten vor. Lassen Sie sich inspirieren, gehen Sie in Ihrem Bastelgeschäft auf Entdeckung und spielen mit Farben, Formen, Gesichtern, Blüten, Perlen oder Pailletten. Ich wünsche Ihnen viel Freude beim Basteln Ihrer Püppchen.

Tips und Tricks

Grundmaterial:

Biegeplüsch, Perlen, Filz

Größe:

Originalgröße der Püppchen ca. 6 cm

Werkzeug:

Schere, evtl. Zickzackschere , Bastelkleber (z.B. Uhu), Transparentpapier, Bleistift, Näh- und Stecknadel, Holzmalstift oder Pinsel Nr. 2 und Farbe für Holz.

Grundtechnik:

1. Biegeplüsch biegen und auf Wunschlänge schneiden.
2. Perlen mit ein wenig Klebstoff aufstecken.

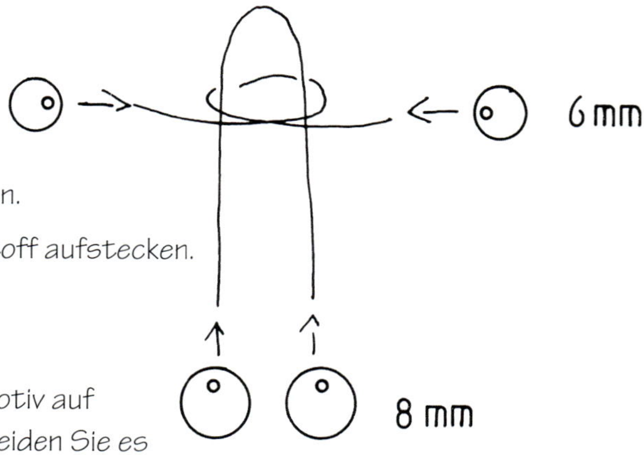

Übertragungstechnik:

Übertragen Sie Ihr Wunschmotiv auf Transparentpapier. Nun schneiden Sie es aus und befestigen die Vorlage mit einer Stecknadel auf Filz. Nochmals ausschneiden.

Gesichter:

Je einfacher ein Gesicht gemalt ist, desto ausdrucksvoller kann es sein.

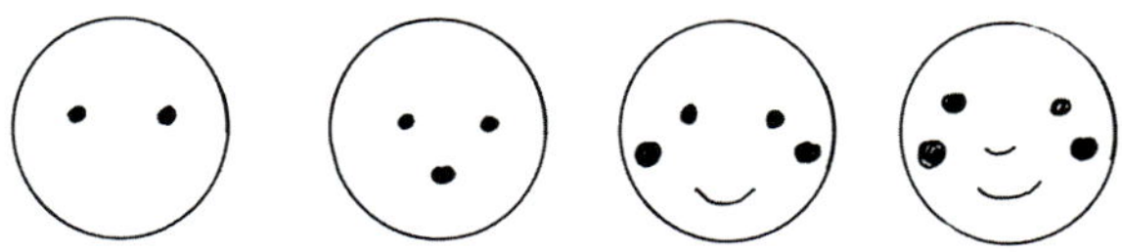

Variationen:

Alle hier vorgestellten Püppchen eignen sich nicht nur als Geschenkanhänger oder für Ihren Haselstrauch, auch als Mobile, Stecker, Brosche oder Gratulationskarten sind sie ideal.

a) Mobile

Peddingrohrspirale

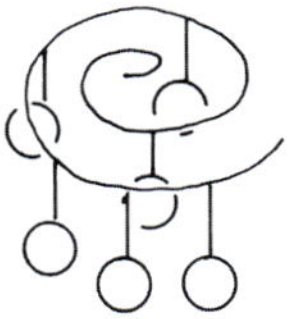

Mobile mit Holzstäbchen und Perlen

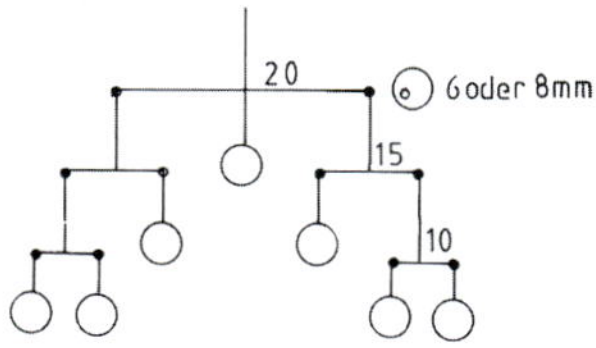

b) Stecker

Die Püppchen werden mit Satinbändern an Holzstäbchen gebunden und in Torten, Sträußen oder Blumentöpfe gesteckt.

c) Broschen

Die Püppchen werden mit einer Sicherheitsnadel an die Kleidung gesteckt. Dabei können sie mit einem Namenskärtchen versehen werden.

d) Karten

Mit dünnem Draht werden die Figuren auf der Karte befestigt oder mit Nähgarn angeheftet. Als Geldbote können sie einen aufgerollten Geldschein im Arm halten.

Wölkchen

Material:
1 Biegeplüschdraht blau
Filz blau
2 Holzperlen natur 6 mm
2 Holzperlen blau 8 mm
1 Holzperle natur 12 mm
Zauberwolle blau

Anleitung:

1. Grundtechnik (siehe Tips & Tricks)
2. Filzteile mit Schablone A und B anfertigen.
3. Wolke (Schablone A) in der Mitte einschneiden und auf den Körper stecken.
4. Kopfkugel 12 mm mit etwas Kleber aufstecken.
5. Zauberwolle als Haare aufkleben.
6. Aus dem Halbkreis (Schablone B) einen spitzen Hut kleben und mit Kleber aufsetzen.
7. Gesicht malen.

Tip: Versuchen Sie es einmal mit verschiedenen Blautönen oder zum Winter nur in Weiß!

Glückspilz

Ein Glückspilz für alle, die Glück verschenken möchten.

Material: 1 Biegeplüschdraht weiß
Filz rot und weiß
2 Holzperlen natur 6 mm
2 Holzperlen rot 8 mm
1 Holzperle natur 12 mm
1 Holzperle natur 4 mm

Anleitung:

1. Grundtechnik (siehe Tips & Tricks)
2. Schneiden Sie mit der Schablone E aus dem weißen Filz mit Hilfe der Zickzackschere eine Halskrause aus.
3. Halskrause in der Mitte einschneiden und auf den Körper stecken.
4. Kopfkugel 12 mm mit etwas Kleber aufstecken.
5. Mit Schablone M aus dem roten Filz einen Kreis schneiden.
6. Roten Kreis bis in die Mitte einschneiden und einen Hut kleben.
7. Punkte aus weißem Filz ausschneiden und auf den roten Hut kleben.
8. Hut auf den Kopf kleben.
9. Holzperle 4 mm in das Gesicht kleben.
10. Gesicht malen.

Hochzeitspaar

Zur Hochzeit ein Paar, daß sich ganz doll liebt.

Braut:
1 Biegeplüschdraht weiß
Filz weiß
2 Holzperlen natur 6 mm
2 Holzperlen weiß 8 mm
1 Holzperle natur 12 mm
1 Holzperle natur 4 mm
Zauberwolle
einige Kunstblüten

Bräutigam:
1 Biegeplüschdraht schwarz
Filz schwarz und weiß
2 Holzperlen natur 6 mm
2 Holzperlen schwarz 8 mm
1 Holzperle natur 12 mm
1 Holzperle natur 4 mm

Anleitung Braut:

1. Grundtechnik (siehe Tips & Tricks)
2. Weiße Filzteile mit Schablone G (doppelt) und H anfertigen.
3. Filzteil (Schablone G) doppelt legen, Bruchmitte einschneiden und auf den Körper stecken. Mit einem Bindfaden in Taillenhöhe eine Schleife binden.
4. Kopfkugel 12 mm mit etwas Kleber aufstecken.
5. Zauberwolle als Haare aufkleben.
6. Filzteil (Schablone H) etwas kräuseln und als Schleier auf die Haare kleben.
7. Holzperle 4 mm durchschneiden und eine halbe Perle als Nase in das Gesicht kleben.
8. Gesicht malen.
9. Kunstblumenstrauß in die Hand kleben.

Anleitung Bräutigam:

1. Grundtechnik (siehe Tips & Tricks)
2. Schwarze Filzteile mit Schablone I, J und K, weißes Filzteil mit Schablone L anfertigen.
3. Kopfkugel 12 mm mit etwas Kleber aufstecken.
4. Filzteil (Schablone K) aufrollen und auf Filzteil (Schablone J) kleben.
5. Filzhut auf den Kopf kleben.
6. Filzteil (Schablone L) an den Hals kleben.
7. Filzteil (Schablone I) an den Rücken kleben.
8. Holzperle 4 mm durchschneiden und eine halbe Perle als Nase in das Gesicht kleben.
9. Gesicht malen.

Häschen

Ei, was für ein süßes Häschen haben wir denn da?

Material: 1 Biegeplüschdraht braun
Filz braun und rosé
2 Holzperlen natur 4 mm
2 Holzperlen braun 6 mm
1 Holzperle natur 10 mm
Nähgarn

Anleitung:

1. Aus Biegeplüschdraht Arme und Beine auf Wunschlänge bringen.
2. Perlen mit ein wenig Kleber aufstecken. 2 x 4 mm - Arme, 2 x 6 mm - Beine.
3. Aus Filz rosé (Schablone M) mit Zickzackschere Kreis schneiden.
4. Aus Filz braun (Schablone M) Kreis schneiden.
5. Aus braunem Filz (Schablone B) Halbkreis schneiden und als Kopftuch um den Kopf kleben.
6. Häschenohren (Schablone N) aus braunem Filz schneiden und auf den Kopf nähen.
7. Alle Teile mit Nadel und Faden zusammenfügen (siehe Zeichnung).
8. Gesicht malen.

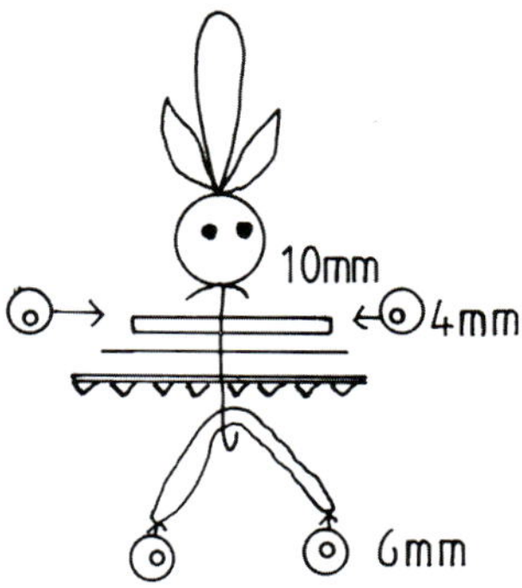

Käferchen

Das ist Käferchen. Er bringt Ihnen garantiert Glück.

Material: 1 Biegeplüschdraht schwarz
Filz rot und schwarz
2 Holzperlen natur 6 mm
2 Holzperlen natur 8 mm
2 Holzperlen rot 8 mm
1 Holzperle natur 12 mm
1 Holzperle natur 4 mm
etwas dünner Draht

Anleitung:

1. Grundtechnik (siehe Tips & Tricks)
2. Rotes Filzteil mit Schablone F anfertigen.
3. Aus schwarzem Filz Punkte ausschneiden und auf das rote Filzteil (Schablone F) kleben.
4. Rotes Filzteil (Schablone F) am markierten Punkt einschneiden und auf den Körper stecken.
5. Kopfkugel 12 mm mit etwas Kleber aufstecken.
6. Aus schwarzem Filz Halbkreis (Schablone B) ausschneiden, Hütchen daraufkleben und das Innere nach außen drücken, damit die Hutspitze nicht mehr zu sehen ist.
7. Schwarze Kappe auf den Kopf kleben.
8. Aus dünnem Draht Fühler durch die Kappe stecken.
9. Holzperle 4 mm als Nase in das Gesicht kleben.
10. Gesicht malen.

Sternchen

Das ist Sternchen. Es tut nichts lieber, als sein Licht zu verschenken.

Material: 1 Biegeplüschdraht gelb
Filz gelb
2 Holzperlen natur 6 mm
1 Holzperle natur 12 mm
Zauberwolle gelb

Anleitung:

1. Grundtechnik (siehe Tips & Tricks)
2. Filzteile mit Schablone C und D anfertigen.
3. Großen Stern (Schablone C) in der Mitte einschneiden und auf den Körper stecken.
4. Kopfkugel 12 mm mit etwas Kleber aufstecken.
5. Zauberwolle als Haare aufkleben.
6. Kleinen Stern (Schablone D) ausschneiden und auf den Kopf kleben.
7. Gesicht malen.

ORIGINALGRÖSSE

A

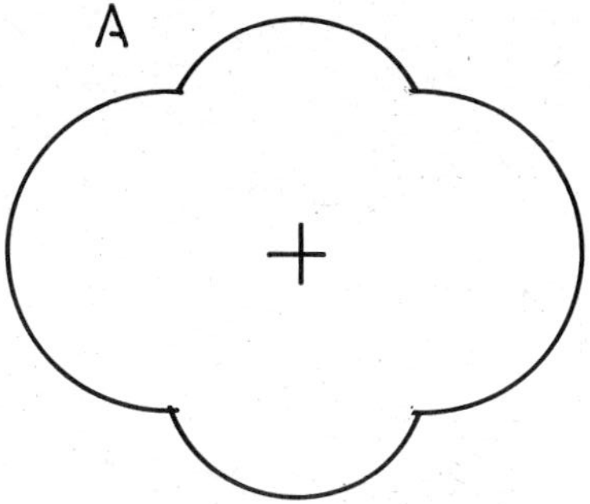

B

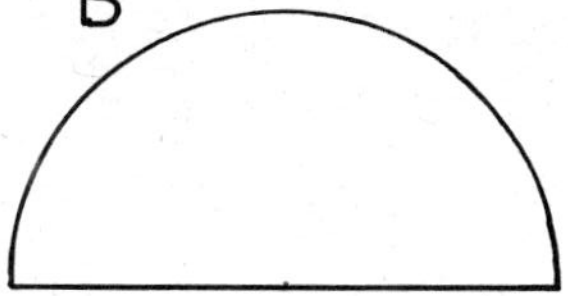

D

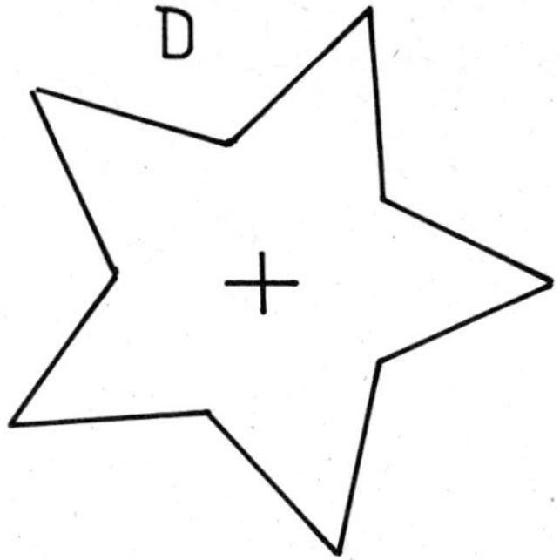

C

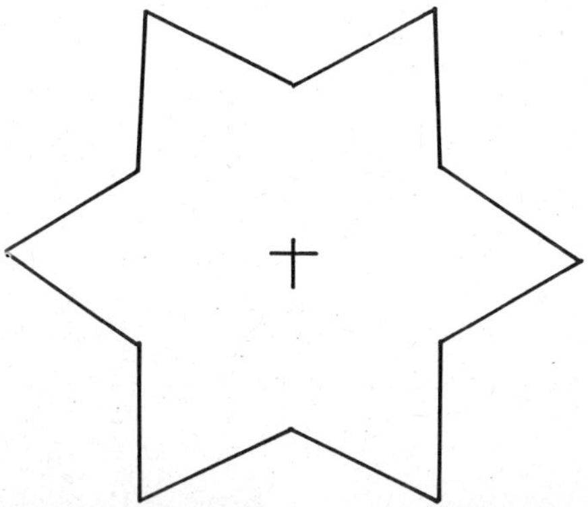

E

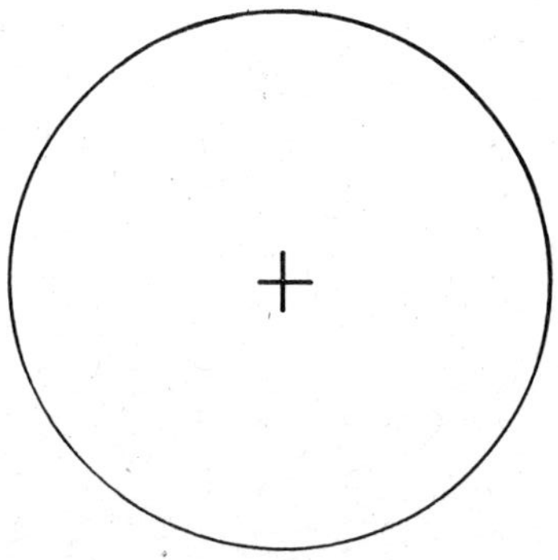

M

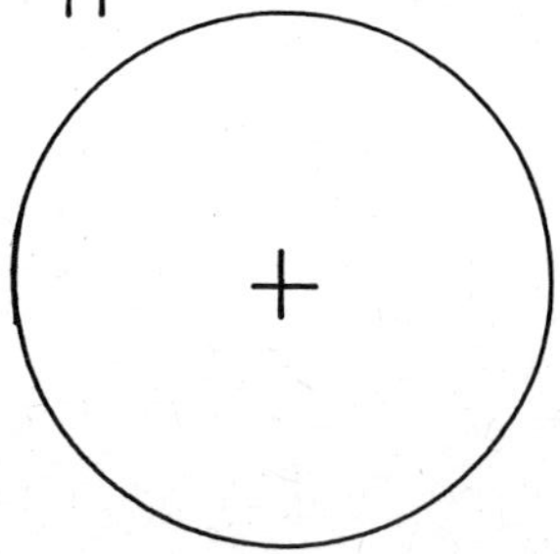

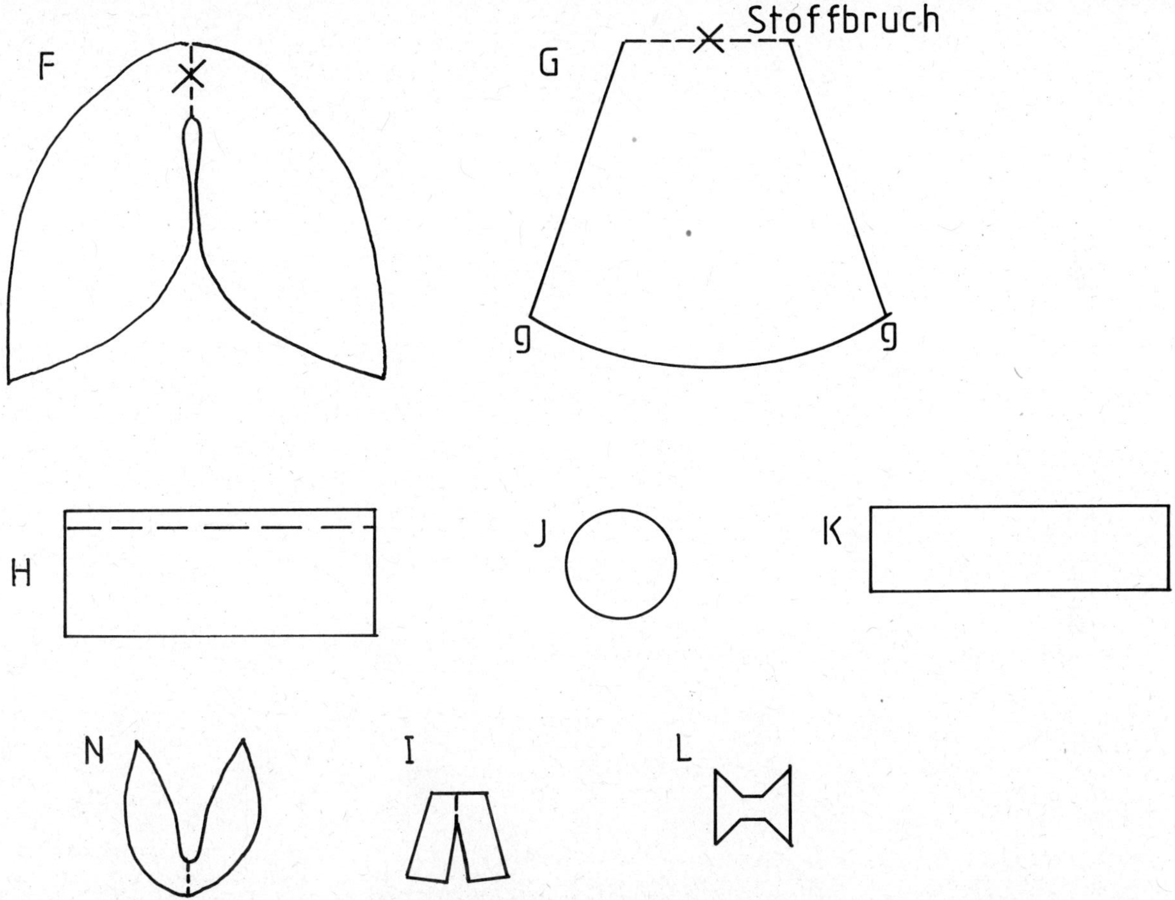
F
G
Stoffbruch
g
g
H
J
K
N
I
L

Clown

Da ist Klingel, ein kleiner lustiger Clown.

Material: 1 Biegeplüschdraht grün
Filz gelb und rot
2 Holzperlen natur 6 mm
2 Holzperlen rot 8 mm
1 Holzperle natur 12 mm
1 Holzperle natur 4 mm
1 kleine Schelle, roter Bindfaden, Nähgarn

Anleitung:

1. Grundtechnik (siehe Tips & Tricks)
2. Filzteile mit Schablone E (gelb) und Schablone B (rot) anfertigen.
3. Gelbes Filzteil (Schablone E) in der Mitte einschneiden und auf den Körper stecken.
4. Kopfkugel 12 mm mit etwas Kleber aufstecken.
5. Aus dem roten Filzteil (Schablone B) ein Hütchen kleben und auf den Kopf setzen.
6. An die Hütchenspitze die kleine Schelle nähen.
7. Holzperle 4 mm in das Gesicht kleben.
8. Gesicht malen.
9. Roten Bindfaden als Schleife um den Hals binden.

10. Gesicht malen.

Magikus

Magikus, der große und weise Zauberer des Abendlandes.

Material:
1 Biegeplüschdraht blau
Filz blau
2 Holzperlen natur 6 mm
2 Perlen silber 8 mm
1 Holzperle natur 12 mm
1 Holzperle natur 4 mm
silberne Sternchen, silberner Bindfaden
1 Zahnstocher

Anleitung:

1. Grundtechnik (siehe Tips & Tricks)
2. Kopfkugeln 12 mm mit etwas Kleber auf den Körper stecken.
3. Blaue Filzteile mit Schablone B und G (einfach) anfertigen.
4. Das Filzteil (Schablone B) zu einem Hütchen kleben und auf den Kopf leimen.
5. Filzteil (Schablone G) mit Silberfaden als Umhang um den Hals binden.
6. Holzperle 4 mm durchschneiden und eine halbe Perle als Nase in das Gesicht kleben.
7. Gesicht malen.
8. Silbersternchen auf Hut und Umhang kleben.
9. Zahnstocher mit Kleber in die Hand stecken, in gewünschter Länge abschneiden und als Zauberstab anmalen.

Vampir

Blutrünstig und gefährlich ist der kleine Vampir.

Material: 1 Biegeplüschdraht schwarz
Filz schwarz
2 Holzperlen natur 6 mm
2 Holzperlen schwarz 8 mm
1 Holzperle natur 12 mm
2 Holzperlen natur 4 mm
weißer Bindfaden

Anleitung:

1. Grundtechnik (siehe Tips & Tricks)
2. Filzteil mit Schablone G (einfach) anfertigen.
3. Kopfkugel 12 mm mit etwas Kleber aufstecken.
4. Filzteil (Schablone G) mit weißem Bindfaden als Umhang um den Hals binden.
5. Holzperlen 4 mm durchschneiden und jeweils eine halbe Perle als Nase und Ohren an den Kopf kleben.
6. Gesicht und Frisur malen.

Blütenfee

Beim ersten Sonnenstrahl tanzt die Blütenfee auf der Wiese.

Material:
1 Biegeplüschdraht pink
Filz rosa
2 Holzperlen natur 6 mm
2 Perlen pink 8 mm
1 Holzperle natur 12 mm
1 Holzperle natur 4 mm
Zauberwolle rosa, pink, weiß
1 Blütendraht mit rosa Blüten

Anleitung:

1. Grundtechnik (siehe Tips & Tricks)
2. Filzteile mit Schablone G (doppelt legen) ausschneiden, davon die Linie g mit Zickzackschere. In der Bruchmitte einschneiden und auf den Körper stecken.
3. Filzteil rosa mit Schablone M mit Zickzackschere ausschneiden, in die Mitte einschneiden und auf den Körper als Kragen stecken.
4. Kopfkugel 12 mm mit etwas Kleber aufstecken.
5. Zauberwolle verschiedenfarbig mischen und als Haare aufkleben.
6. Aus Blütendraht einen Kranz biegen und auf den Kopf kleben.
7. Aus Blütendraht Reifen biegen, die Arme etwas nach oben biegen und die Reifenenden jeweils mit etwas Kleber in die Hände stecken.
8. Holzperle 4 mm durchschneiden und eine halbe Perle als Nase in das Gesicht kleben.
9. Gesicht malen.

Baby

Willkommen auf der Erde, kleines Baby!

Material: 1 Biegeplüschdraht weiß
Filz weiß
1 Holzperlen natur 10 mm
5 Holzperlen natur 4 mm
Zauberwolle, Bindfaden, Nähgarn

Anleitung:

1. Grundtechnik (siehe Tips & Tricks)
2. Kopfkugel 10 mm auf den Körper mit etwas Kleber stecken.
3. Zauberwolle als Haare auf den Kopf kleben.
4. Holzperle 4 mm auf das Gesicht als Schnuller kleben und eine Bindfadenschlaufe in die Perle stecken.
5. Gesicht malen.
6. Aus einem Rechteck 2 x 4 cm ein weißes Filzkissen nähen, mit Filzresten stopfen, zunähen und an das Babyärmchen nähen.

Klangwichtel

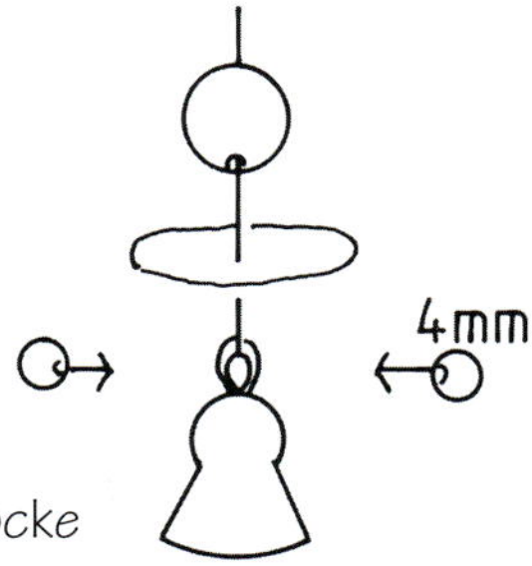

Es klingt nach Weihnachten. Höre nur!

Material: 1 Biegeplüschdraht rot
Filz grün und rot
1 Holzperle natur 10 mm
3 Holzperlen natur 4 mm
dünne Goldkordel, 1 kleine Messingglocke

Anleitung:

1. Biegeplüsch in gewünschte Länge schneiden und durch die Öse des Messingglöckchens ziehen.
2. Holzperlen 4 mm an die Drahtenden mit ein wenig Kleber stecken.
3. Aus grünem Filz mit Zickzackschere (Schablone M) einen Kreis schneiden.
4. Aus rotem Filz (Schablone B) Hütchen kleben und auf den Kopf kleben.
5. Dünne Goldkordel durch die Glöckchenöse ziehen, Fadenenden durch eine Nähnadel ziehen, erst den grünen Kragen, dann den Kopf am Glöckchen befestigen.
6. Holzperle 4 mm durchschneiden und eine halbe Perle als Nase in das Gesicht kleben.
7. Gesicht malen.
8. Goldkordel als Schleife um den Hals binden.

Nikolaus

Wer kommt am 6. Dezember?

Material: 2 Biegeplüschdrähte rot und weiß
Filz rot und braun
2 Holzperlen natur 6 mm
2 Holzperlen braun 8 mm
1 Holzperle natur 12 mm
1 Holzperle natur 4 mm
Zauberwolle, trockene Zweige

Anleitung:

1. Grundtechnik (siehe Tips & Tricks)
2. Filzreste um den Bauch wickeln und ankleben.
3. Aus rotem Filz ein Rechteck 4 x 8 cm schneiden, zur Hälfte knicken, in der Bruchmitte einschneiden und auf den Körper stecken.
4. Den Mantel an den Füßen raffen, mit weißem Biegeplüsch zusammenhalten und kleben.
5. Kopfkugel 12 mm mit etwas Kleber aufstecken.
6. Aus rotem Filz (Schablone B) ein Hütchen fertigen und auf den Kopf kleben.
7. Weißer Biegeplüschdraht wird als Pelzersatz um die Mütze geklebt.
8. Holzperle 4 mm durchschneiden und als Nase in das Gesicht kleben.

9. Gesicht malen.
10. Zauberwolle als Bart ankleben.

Vielseidig Verlag

Weitere Bücher für dekorative Geschenkideen:

Tischlein schmück dich
13tolle Ideen für Feste
und Partys
Heft 14x20 cm
ISBN 3-930529-25-4

Zauberhaftes Holz
15 bezaubernde Motive
für Laubsägearbeiten
Heft 14x20 cm
ISBN 3-930529-32-7

Laubanger 19b 96052 Bamberg **Vielseidig Verlag** GmbH Tel. 0951/ 6 89 97
Fax. 0951/ 60 32 99